Mon grand livre d'ac

Chaplin and C

GALLIMARD JEUNESSE

Découvre ton grand livre d'activités Chaplin and Co

D'abord, écris ton nom !

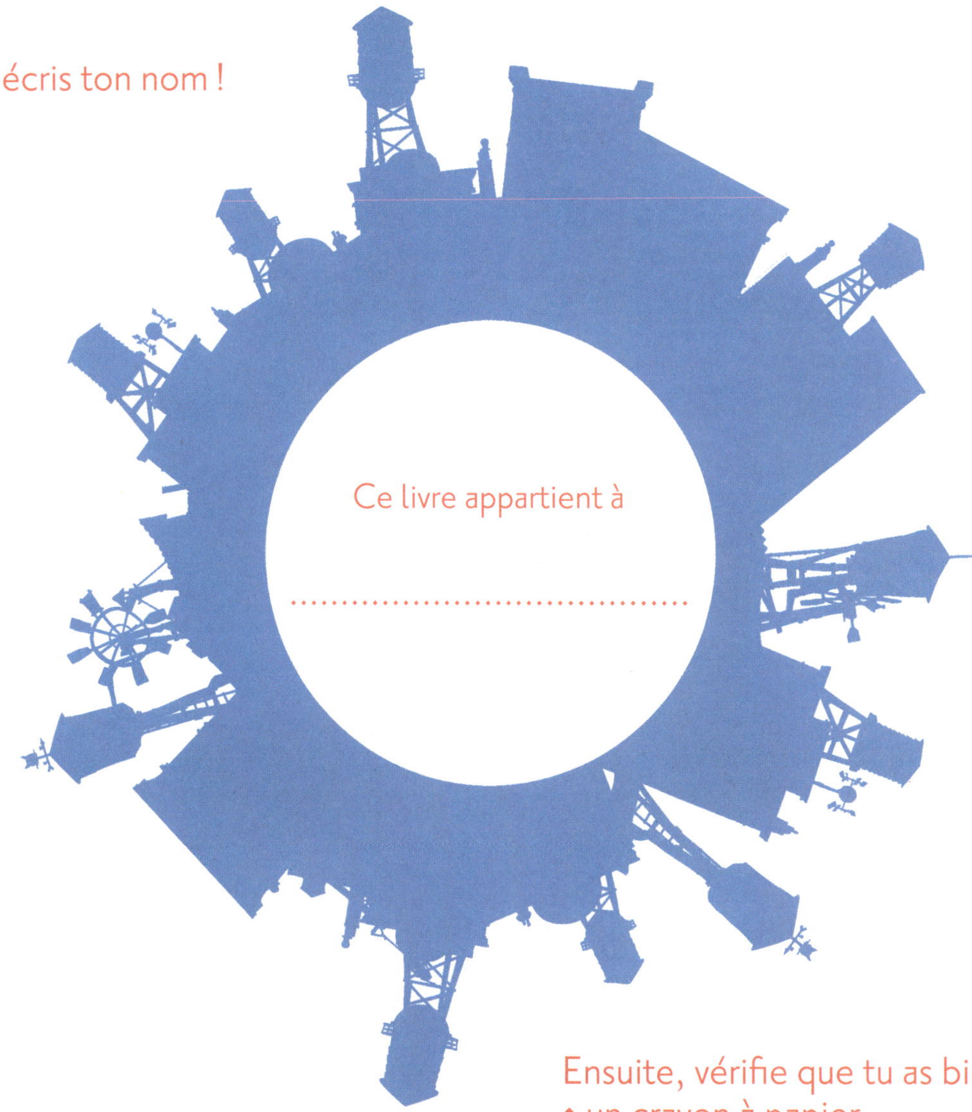

Ce livre appartient à

....

Ensuite, vérifie que tu as bien :
- un crayon à papier
- une gomme
- un stylo
- des feutres ou des crayons de couleur

Maintenant, tu peux commencer à t'amuser !
Avec Charlot et son ami le Kid, l'aventure est à chaque coin de rue !

Bienvenue chez Charlot !

Quel monde !

Charlot habite une ville gigantesque. Il y a plein d'immeubles, de voitures, de passants et d'animaux !
Sauras-tu le retrouver au milieu de toute cette agitation ?

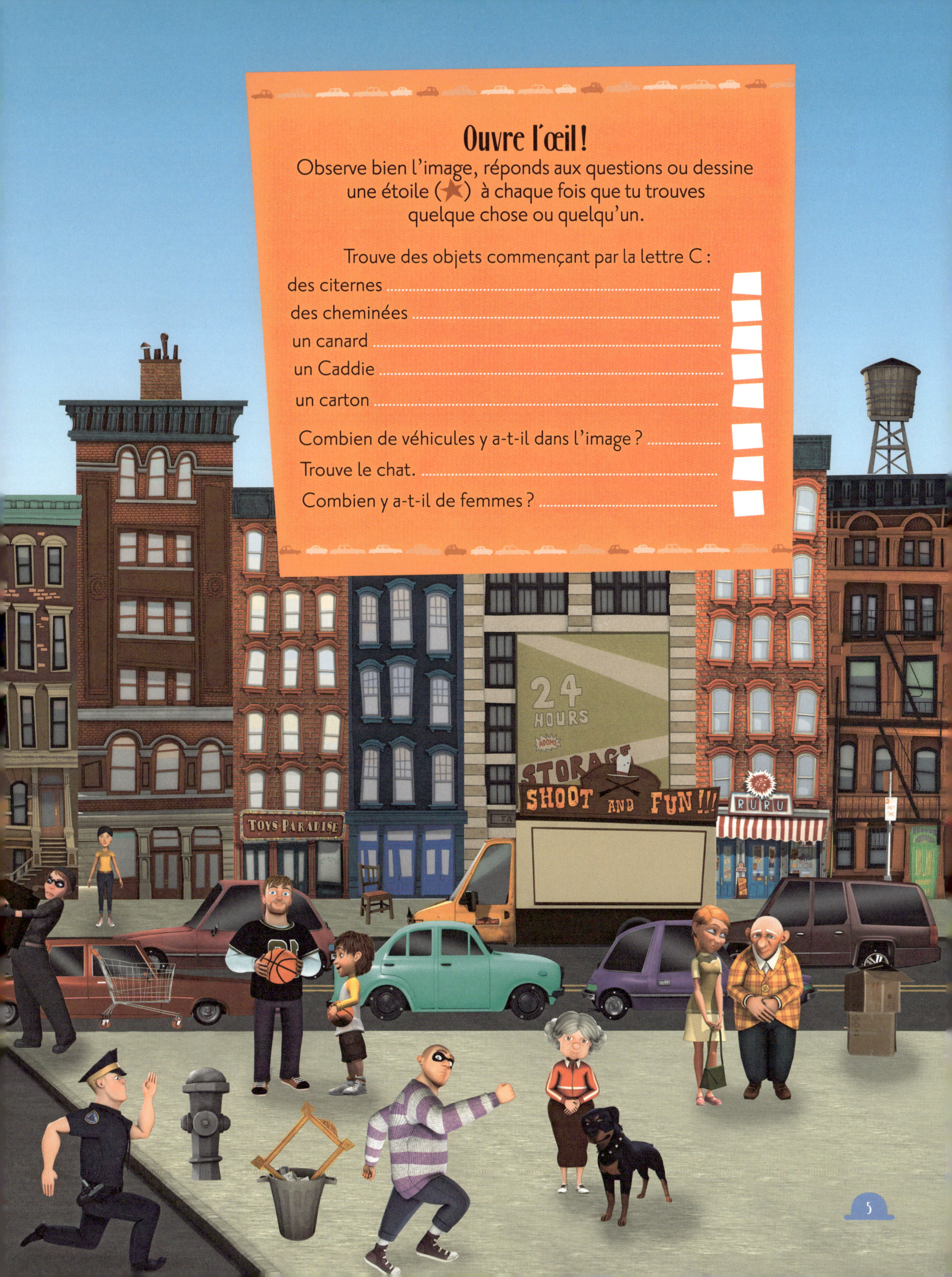

Ouvre l'œil !

Observe bien l'image, réponds aux questions ou dessine une étoile (★) à chaque fois que tu trouves quelque chose ou quelqu'un.

Trouve des objets commençant par la lettre C :

des citernes ....

des cheminées ....

un canard ....

un Caddie ....

un carton ....

Combien de véhicules y a-t-il dans l'image ? ....

Trouve le chat. ....

Combien y a-t-il de femmes ? ....

Perdu dans la ville

Dans cette grande ville, on peut rapidement perdre son chemin, si on est un peu dans la lune ! Aide Charlot à retrouver sa maison.

Vroum, vroum !

Avant de rentrer dans sa maison, Charlot jette un œil à sa voiture. Elle est très spéciale… Pour savoir avec quel carburant elle roule, lis attentivement ce poème ou résous la charade.

Le moteur vrombit,
Il gronde, il rugit…
Mais qu'y a-t-il sous ce capot ?
On croirait entendre le roi des animaux !
Ne l'avez-vous pas reconnue ?
Avec ses bidons sur le toit et ses roues cabossées,
Difficile de ne pas la remarquer !
Elle parcourt joyeusement les rues
et ne passe jamais inaperçue !

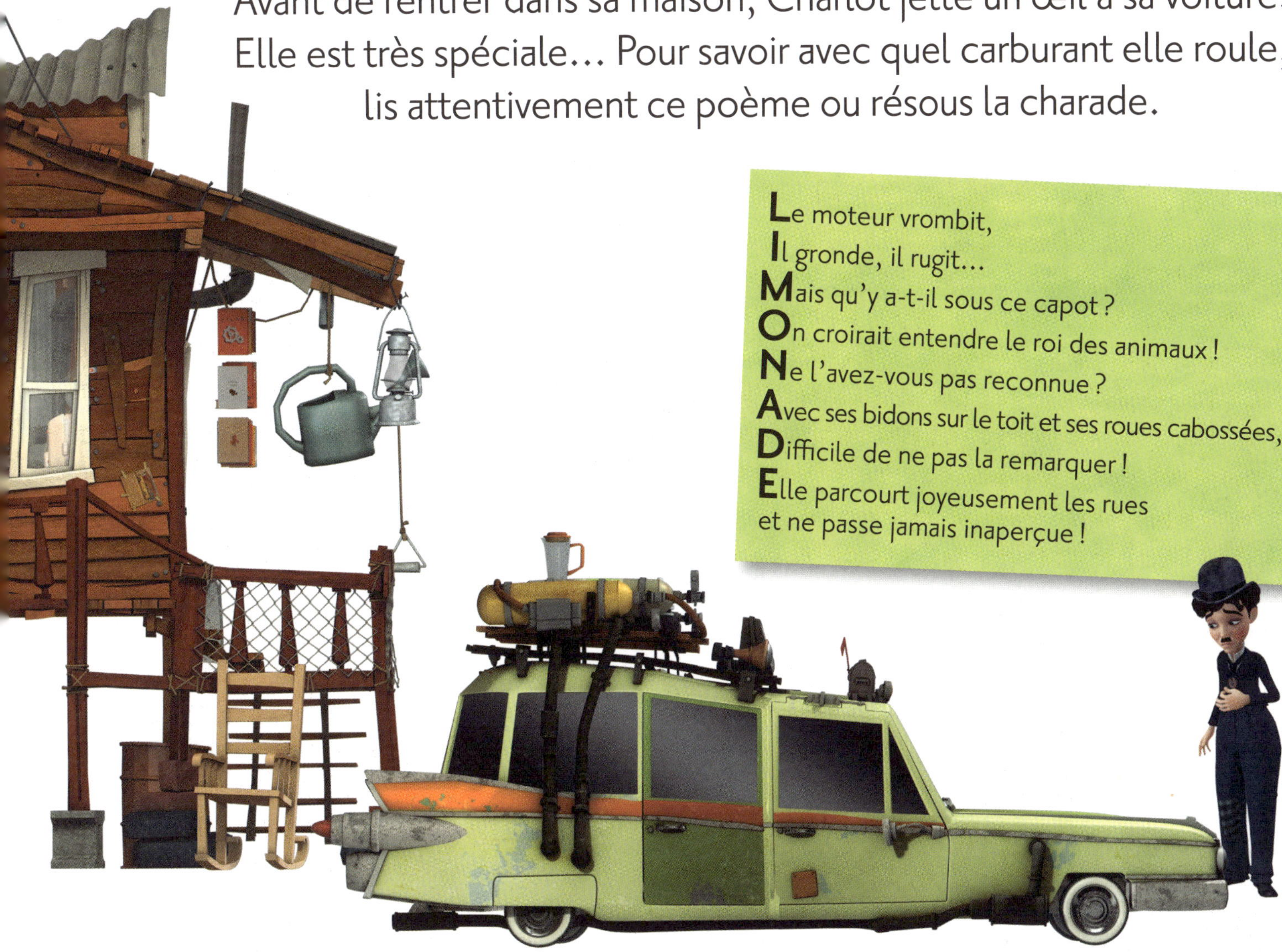

Je dors dans mon premier.
Avec plusieurs lettres,
on fabrique mon deuxième.
Mon troisième est la deuxième
syllabe du mot ananas.
Mon quatrième vient juste après un.
Mon tout est le carburant de la voiture de Charlot.

……………………………………………………

De bric et de broc

Charlot est le roi de la récup' ! Il a fabriqué sa maison avec des tas d'objets trouvés. Remets en place les 6 pièces manquantes de ce puzzle.

A

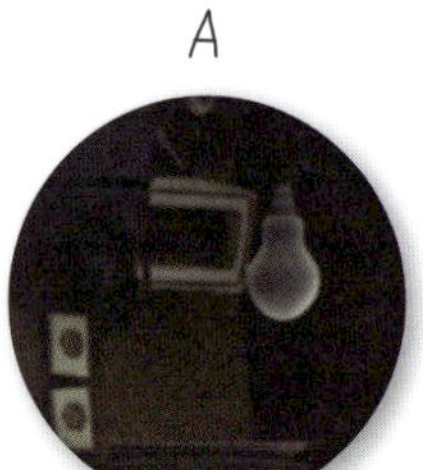

B

C

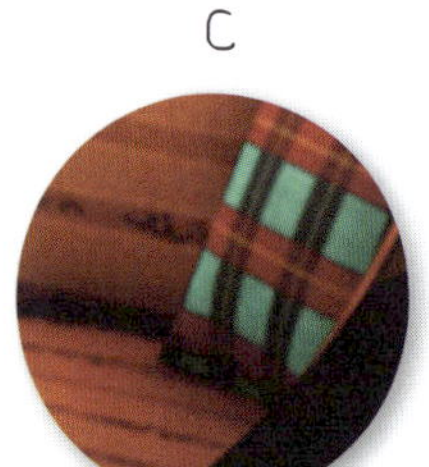

D

E

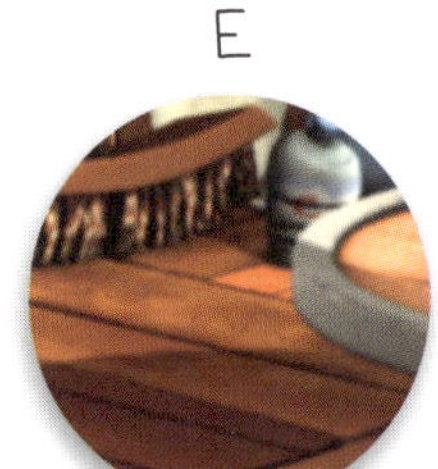

F

Un peu de détente

Charlot feuillette son journal.
Sa page préférée, c'est celle des mots fléchés. Aide-le à remplir la grille en observant bien les images.

Les meilleurs amis

Pour connaître le nom du meilleur ami de Charlot, reporte dans les cases de couleur les lettres correspondantes inscrites dans la grille.

Au magasin de jouets

Aujourd'hui, c'est l'anniversaire du Kid !
Vite, il faut lui trouver un cadeau au magasin de jouets.
5 intrus se sont glissés dans la boutique. Sauras-tu les retrouver ?

Surprise !

Qu'est-ce qui pourrait bien faire plaisir au Kid ?
Charlot a l'embarras du choix ! Pour l'aider à trouver le cadeau, raye tous les objets qui sont en double dans la page.

Un super goûter d'anniversaire

Le Kid adore les gâteaux au chocolat. Charlot s'apprête à mélanger les ingrédients mais il ne se souvient plus des proportions ! Résous ce sudoku et complète la recette en faisant correspondre les couleurs.

..... œufs
.....50 g de chocolat
.....00 g de sucre
.....0 g de beurre
..... cuillères à soupe de farine

Qu'est-ce que ça veut dire ?

Le Kid vient de recevoir un e-mail signé de Charlot, mais il n'arrive pas à le lire… Décrypte ce message en rayant le mot « skate » partout où il apparaît.

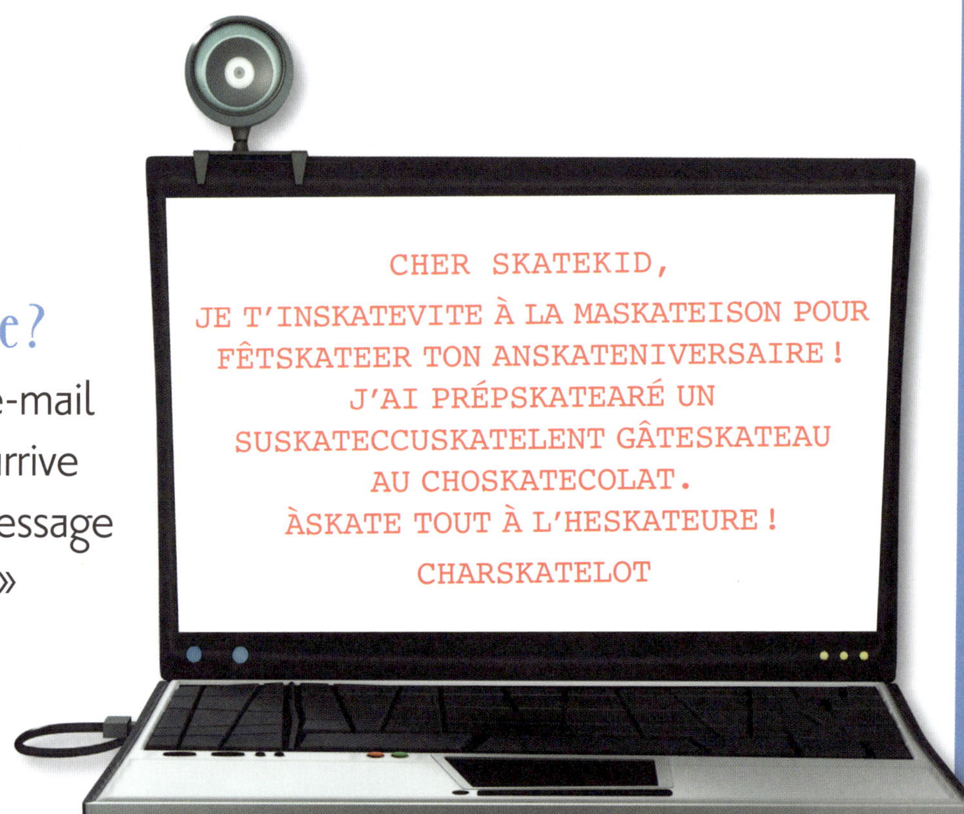

Miam !

Ça sent maintenant le chocolat dans toute la maison !
Colorie la guirlande, puis dessine le gâteau que Charlot a préparé. N'oublie pas de mettre des bougies.

Un cadeau en double

Voilà le Kid qui arrive !
Mais Charlot est affolé : le Kid est venu avec la même trottinette que celle qu'il vient d'acheter !
Colorie les deux amis avec les couleurs de ton choix.

L'amitié, c'est sacré !

Le Kid a maintenant deux trottinettes pour s'amuser :
il est ravi, il va pouvoir en prêter une à son ami Charlot !
Observe bien l'image et trouve la bonne ombre.

Une mauvaise nouvelle

Un policier frappe à la porte. Il a une mauvaise nouvelle…
Pour la découvrir, raye toutes les lettres en double puis inscris celles qui restent dans les cases, de la plus petite à la plus grande.

La maison de Charlot va être :

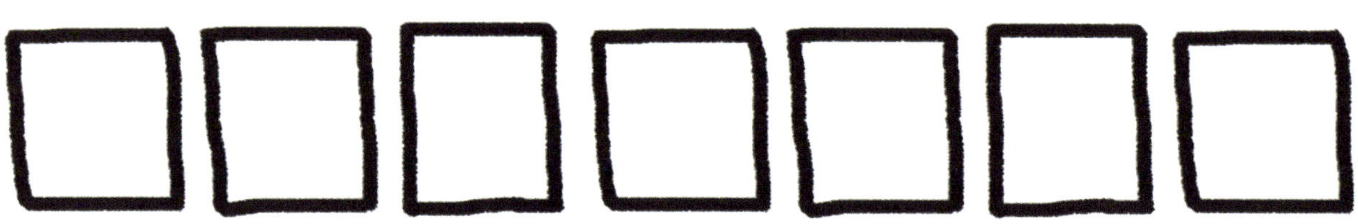

Une idée de génie

Un immeuble va être construit à la place de la maison de Charlot.
Pour éviter qu'elle soit détruite, le Kid a une idée : il faut la déplacer !
Relie les points de 1 à 35 pour savoir quel engin doit être utilisé.

C'est haut !

Impressionnant ! La maison de Charlot est déplacée sur le toit d'un immeuble. Observe bien l'image et entoure en dessous le morceau qui n'en fait pas partie.

A

B

C

D

Un soda sur le toit

Depuis le toit de l'immeuble sur lequel est posée la maison, les deux amis contemplent la ville. À cette hauteur, les passants semblent minuscules ! Dessine la scène que voient Charlot et le Kid.

Quelle tête en l'air, ce Charlot !

Maintenant que tu connais mieux Charlot, tu sais qu'il est un peu tête en l'air ! Aide-le à retrouver tous les objets ou les personnes ci-dessous en écrivant le numéro de la page où ils apparaissent ! Pars à leur recherche en feuilletant les pages 4 à 19 !

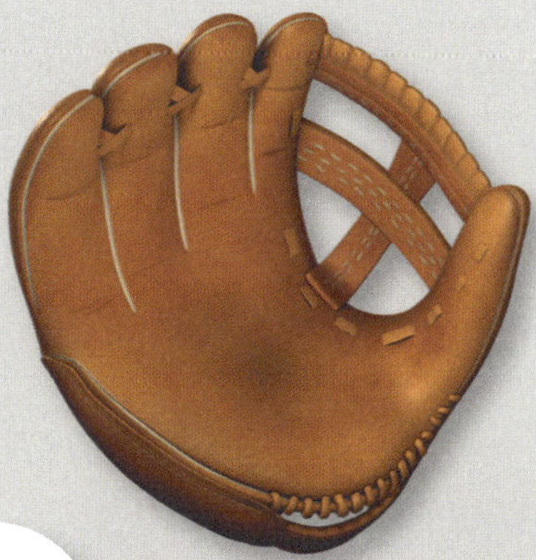

Attention,
la même image peut se retrouver sur deux pages différentes !

Un petit tour au parc

Un bon bol d'air

Dans la grande ville, Charlot et le Kid se retrouvent au parc le plus souvent possible : là-bas, on peut se promener, faire du sport, se reposer et observer des tas d'animaux !

Ouvre l'œil !

Observe bien l'image, réponds aux questions ou dessine une étoile (★) à chaque fois que tu trouves quelque chose ou quelqu'un.

Trouve Charlot. .... ☐

Combien vois-tu d'oiseaux dans le parc ? .... ☐

As-tu repéré le Kid ? .... ☐

Combien y a-t-il de femmes ? .... ☐

À ton avis, que fait le monsieur avec un tableau sous le bras ?

....

....

Trouve le petit chien et le gros chien. .... ☐

Après qui le policier court-il ? ....

....

Trouve les personnages qui font du skate. .... ☐

Une petite partie

Au parc, le Kid ne s'ennuie jamais : il y a toujours quelque chose à faire pour s'amuser avec Charlot. Pour découvrir quelle idée il a derrière la tête, décrypte ce message codé.

Ça tourne !

Le Kid joue tellement bien au badminton que Charlot a du mal à suivre son adversaire ! Il en a même le vertige ! Compte le nombre de raquettes que tu vois sur la page.

C'est quoi, ce truc ?

Comment s'appelle le projectile avec lequel on joue au badminton ?

Indice : c'est aussi le nom d'un objet qui sert à manœuvrer une voiture !

Gare au rhinocéros !

Charlot croit rêver : un rhinocéros vient de passer sous son nez à toute allure ! Aide-le à alerter le policier en évitant l'animal. Fais en sorte qu'il prévienne du danger un maximum de passants !

Quelle aventure !

Une fois que tu as terminé le labyrinthe, réponds aux questions !

Combien de passants Charlot a-t-il croisés ? ....

Charlot a-t-il vu le rhinocéros sur son chemin ? ....

A-t-il croisé un chien ? ....

A-t-il pu prévenir l'homme au pantalon noir et au T-shirt gris ? ....

À ton avis, que fait ce rhinocéros au beau milieu du parc ?

....

....

Une envie de liberté

Le policier n'est pas surpris de découvrir un rhinocéros dans le parc.
Décode son message : remplace chaque lettre par celle qui la précède dans l'alphabet (B=A, C=B, etc.) !

MF SIJOPDFSPT
EF MB GFUF
GPSBJOF T'FTU
FWBEF EF TB
DBHF !

....

....

....

....

....

Capturé

Le rhinocéros a finalement été capturé.
Il est retourné dans sa cage. Dessine les barreaux,
et décore-la pour l'égayer avec les motifs
et les couleurs de ton choix.

La complainte du rhinocéros

Complète ce petit poème
en choisissant les mots dans la liste.

enfermé - rhinocéros - gosses - balader

Pas facile pour un ....
D'être tous les jours .... :
J'aime bien amuser les ....
Mais je préfère aller me .... !

Une pause sur un banc

Assis sur un banc, Charlot et le Kid ouvrent un livre de jeux.
Aide-les à retrouver les mots de la liste : entoure-les dans la grille, verticalement ou horizontalement, à l'endroit ou à l'envers.

Animaux	Banc	Chat	Lapin	Os
Ballon	Ciel	Jeux	Oiseaux	Skate

Attention ! Une lettre peut servir deux fois.

B	C	N	H	B	A	O	S
A	N	I	M	A	U	X	K
L	J	P	R	N	L	O	A
L	E	A	T	C	H	A	T
O	U	L	C	I	E	L	E
N	X	U	A	E	S	I	O

Amis pour toujours

Avec les lettres restantes, compose le nom du meilleur ami du Kid.

....

À tes crayons !

Dessine le mot de la liste qui te plaît le plus !

Les promeneurs

Au parc, on croise toutes sortes de promeneurs. Charlot et le Kid les observent. Mais le soleil leur joue des tours : toutes les ombres sont mélangées ! Relie chaque personnage à son ombre.

À chacun ses vêtements

Il fait chaud aujourd'hui. Les promeneurs ont laissé leurs manteaux à la maison. Observe-les bien et rends à chacun ses vêtements en complétant les cases sous les personnages. Attention, il y a deux intrus !

La chasse aux papillons

Charlot et le Kid font un pari : celui qui attrapera le moins de papillons dans son filet devra offrir un hot dog à l'autre.
Découvre combien chacun en a attrapé en suivant les fils !

Qui a attrapé le moins de papillons ?

....

Qui va devoir payer les hot dogs ?

....

Les artistes

Très doués en dessin, Charlot et le Kid décident de faire leurs portraits.
C'est très ressemblant ! Colorie-les avec tes crayons de couleur ou tes feutres.

Encore plus beau !

Si tu le souhaites, tu peux créer un décor derrière le Kid et Charlot : dessine des arbres, le soleil, des fleurs… Tu peux aussi choisir de tout colorier de la même couleur !

Le punching-ball

Un punching-ball de foire a été installé dans le parc.
Charlot veut tester sa force : il s'entraîne avec sérieux !
Reconstitue l'image en mettant les bandes du puzzle en ordre.

A B C D E F G H

1	2	3	4	5	6	7	8

Une statue monumentale

En faisant le tour du parc, Charlot découvre une statue gigantesque. Elle est très belle et très impressionnante. Relie les points de 1 à 49 pour voir à quoi elle ressemble.

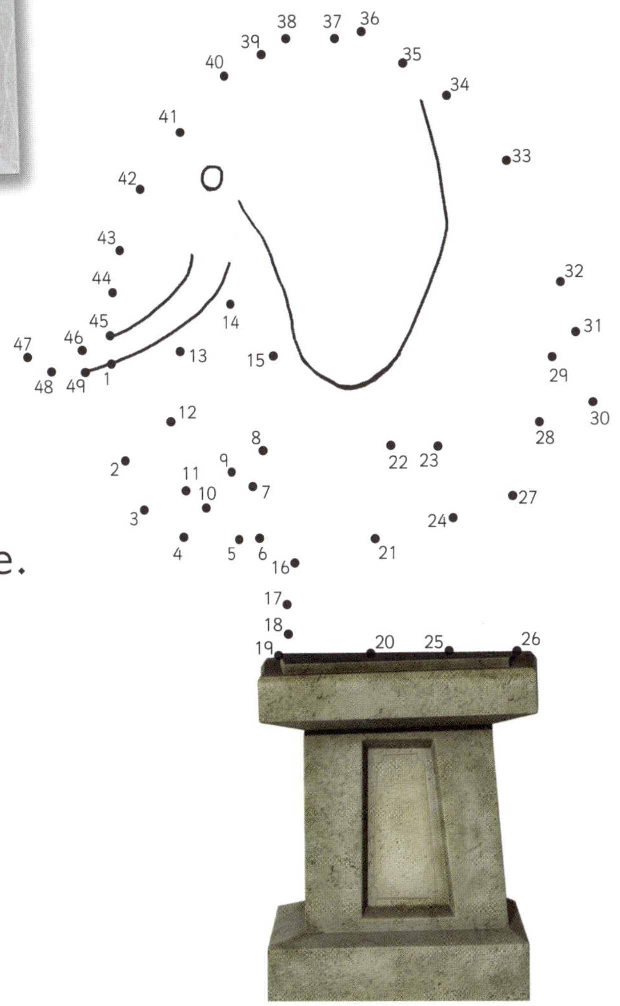

La chansonnette

Inspiré par la statue, Charlot apprend au Kid une chanson. La connais-tu ? Retrouve les mots manquants en piochant dans la liste.

Jacquot

lait

baladait

Forêt

Un éléphant
Qui se ....
Tout doucement
Dans la ....
Il avait sur son dos
Un petit perroquet
Qui s'appelait ....
Et qui buvait du ....

Maintenant, lis-la ou chante-la en remplaçant toutes les voyelles par A, puis E, puis I, puis O, puis U ! Tu vas faire mourir de rire tes parents et tes amis !

Quelle tête en l'air, ce Charlot !

Après ce petit tour au parc, pourrais-tu aider Charlot à retrouver tous les objets, les personnes ou les animaux ci-dessous en écrivant le numéro de la page où ils apparaissent ? Pars à leur recherche en feuilletant les pages 22 à 37 !

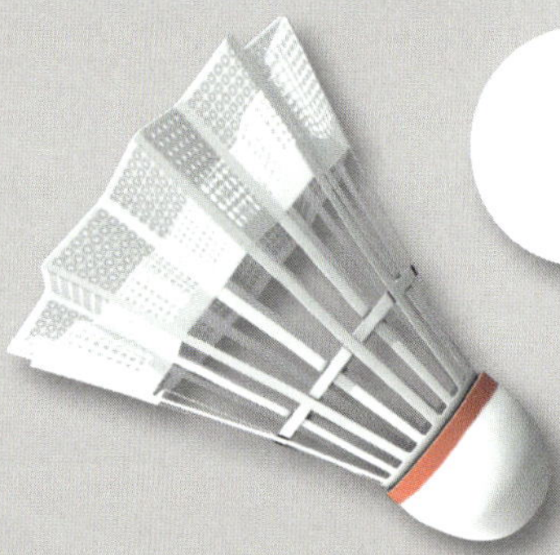

Attention,
la même image peut se retrouver sur deux pages différentes !

La ville où on ne s'ennuie jamais

Au hasard des rues

Dans la rue, il se passe plein de choses : il y a des commerçants qui travaillent, des passants qui flânent, des sportifs qui s'entraînent tous les jours…

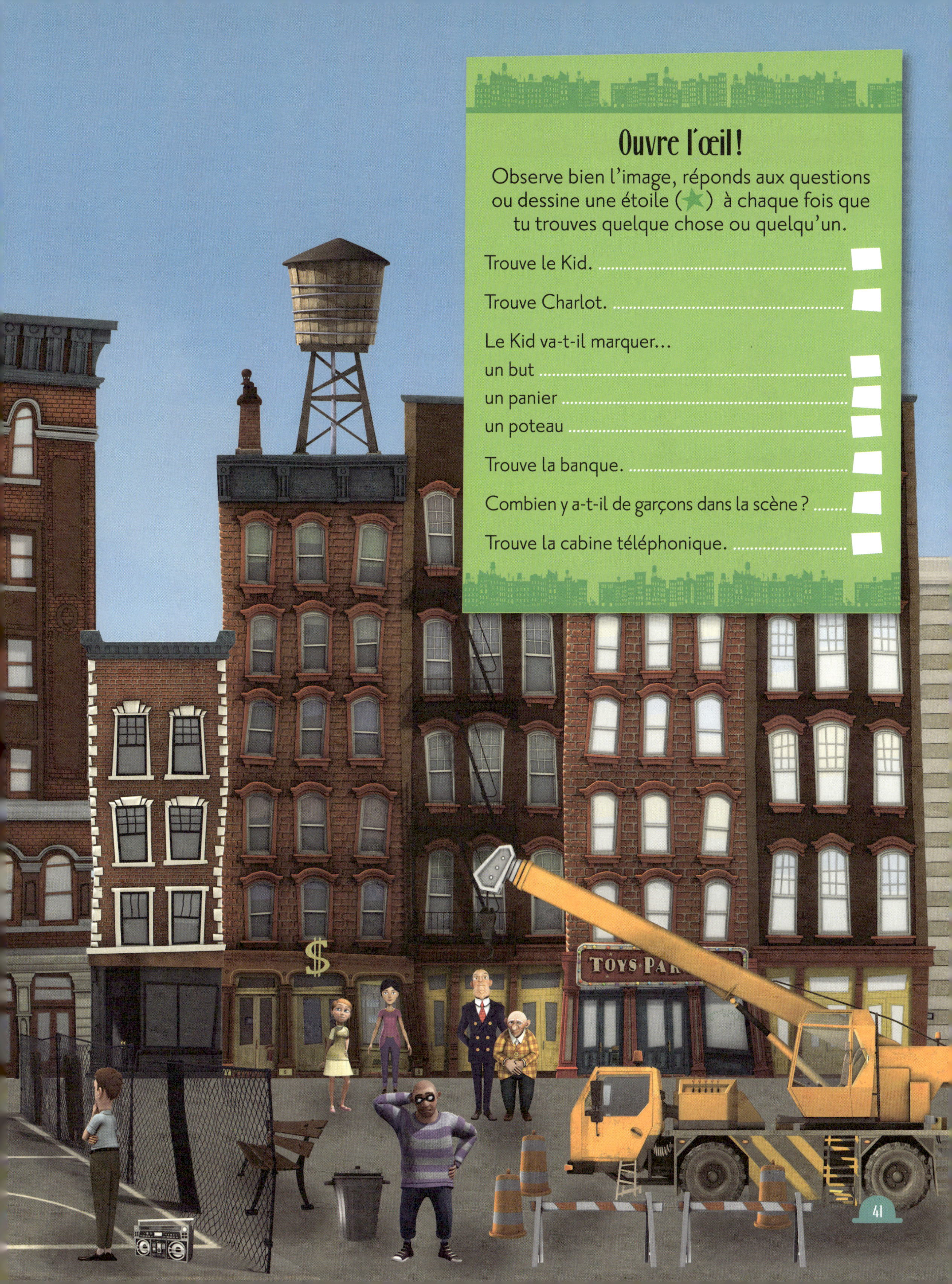

Ouvre l'œil !

Observe bien l'image, réponds aux questions ou dessine une étoile (★) à chaque fois que tu trouves quelque chose ou quelqu'un.

Trouve le Kid. .... ☐

Trouve Charlot. .... ☐

Le Kid va-t-il marquer...

un but .... ☐

un panier .... ☐

un poteau .... ☐

Trouve la banque. .... ☐

Combien y a-t-il de garçons dans la scène ? .... ☐

Trouve la cabine téléphonique. .... ☐

Quelle élégance !

Charlot soigne toujours son apparence. Chapeau melon, veston, pantalon bouffant, cheveux ondulés et canne pour marcher : sa silhouette est unique ! Apprends à le dessiner !

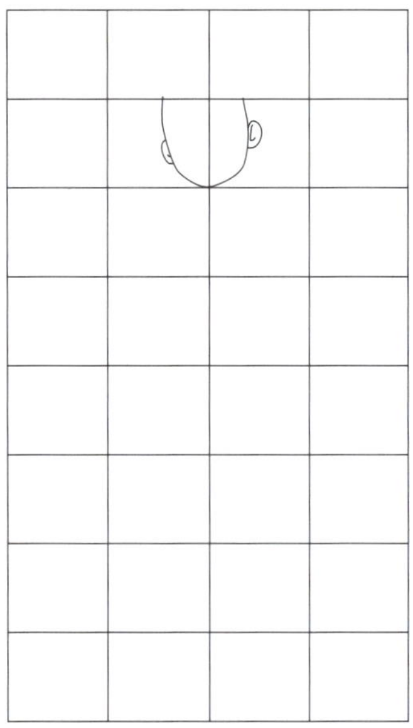

1

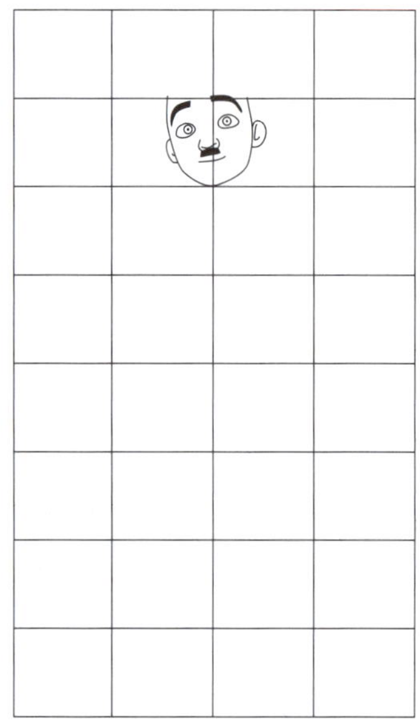

2

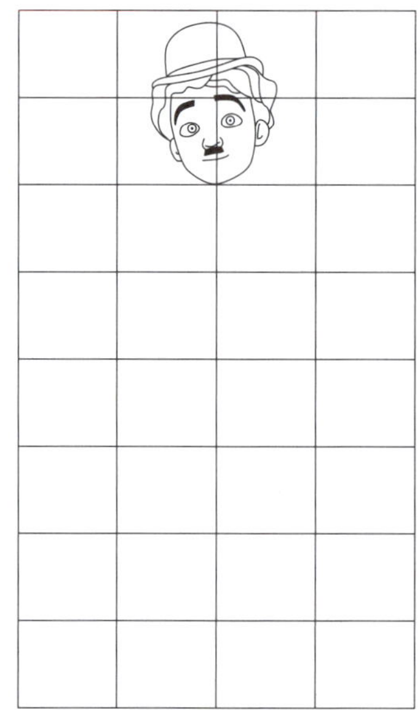

3

4

5

6

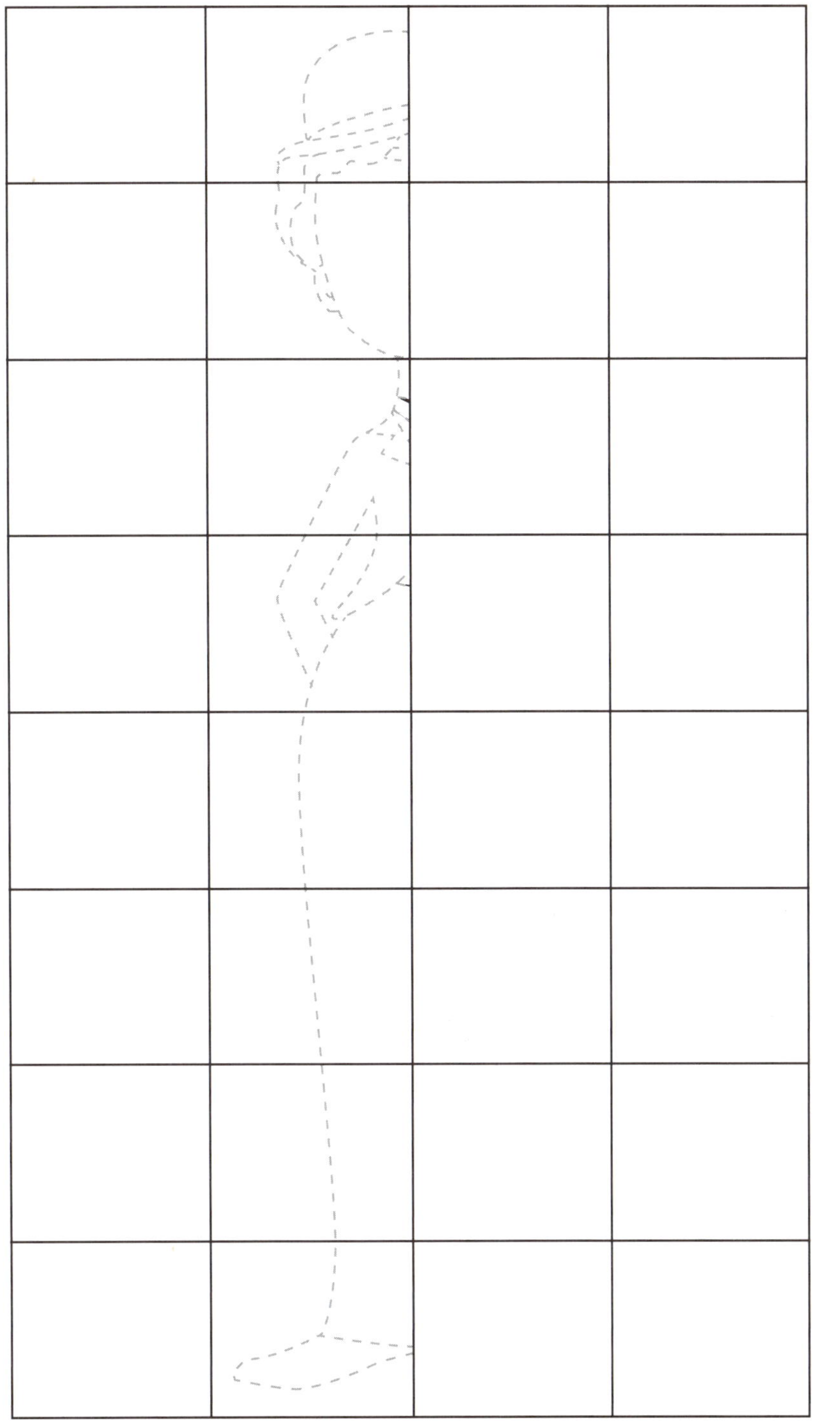

Ce portrait a été réalisé par

....

Maintenant que tu as réussi à dessiner Charlot, il ne te reste plus qu'à signer ce portrait et à le colorier ! Tu peux le colorier d'une seule teinte, ou le décorer de manière fantaisiste : avec des rayures, des pois, des fleurs, des papillons… C'est toi l'artiste !

L'e-mail

Le Kid vient d'envoyer un e-mail à Charlot.
Mais la fin est illisible ! Aide Charlot
à le déchiffrer en noircissant les cases indiquées.

D6, S7, J4, B3, D4, N6, K5, T7, B4, C5, S5, C7, D3, N4, D7, F4, C3, L7, H6, F6, F7, G3, H3, R4, H4, P7, H7, B5, J3, J7, K3, K7, L3, L6, W5, N3, N5, O4, J5, O6, H5, P3, R3, F5, R5, R6, S3, T3, V3, W3, R7, G5, B6, W4, N7, W6, B7, W7, L5, X3, F3

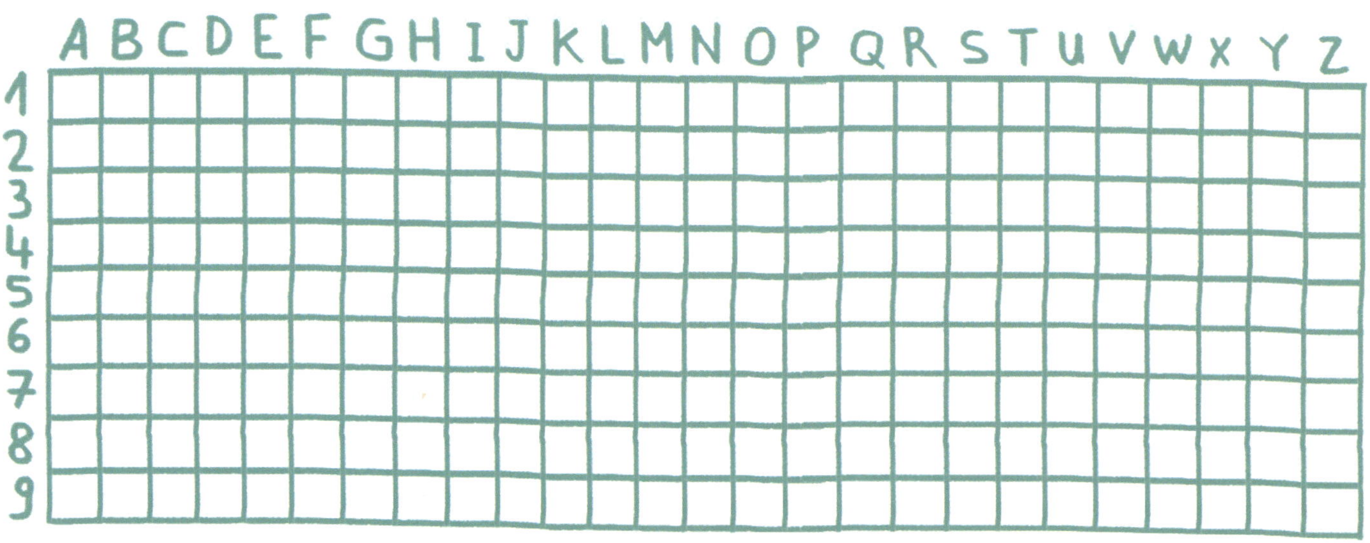

Utilise un crayon à papier. Si tu t'emmêles les pinceaux, tu pourras gommer !

Encore perdu !

Charlot doit se dépêcher pour être à l'heure au terrain de basket.
Comme d'habitude, son sens de l'orientation lui joue des tours.
Trouve le chemin qui le mènera au Kid !

Un match mémorable

Le Kid et Charlot se font embêter sur le terrain de sport.
Ils se réfugient en haut d'une échelle !
Remets en place les 6 pièces manquantes de ce puzzle.

A B C D E F

Un grand basketteur

Le Kid est un redoutable joueur de basket. Il dribble à la perfection et c'est lui qui marque le plus de points !
Prends tes feutres et colorie les ballons en suivant la logique des suites.

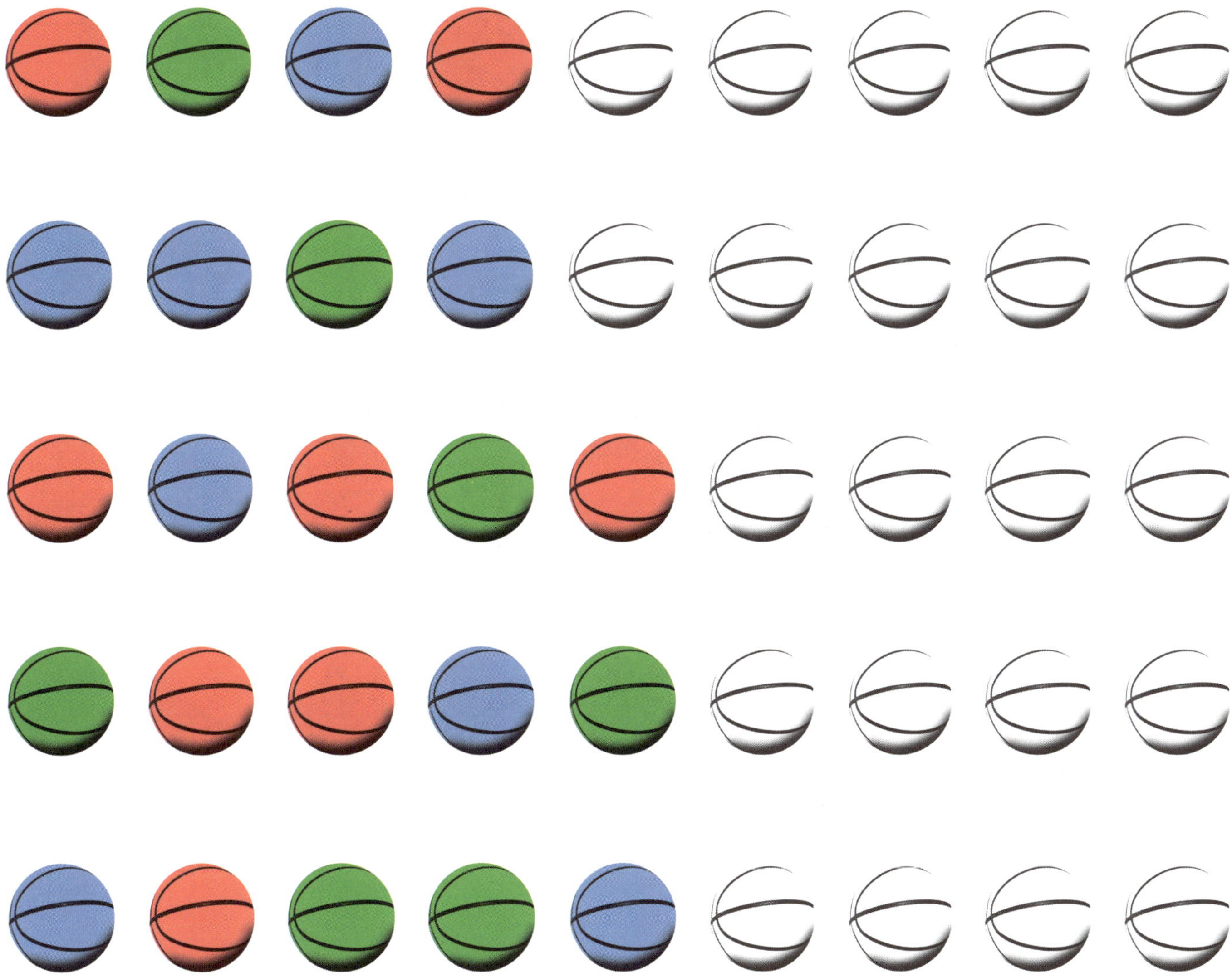

Les immeubles

En se promenant dans la rue, Charlot et le Kid ne se lassent pas de regarder les immeubles. Ils se ressemblent beaucoup mais chacun a sa particularité… À quels immeubles appartiennent ces détails ?

Une soucoupe volante ?

Sur le toit d'un des immeubles est posé un drôle d'objet. Charlot et le Kid se demandent ce que c'est. Résous la charade pour le deviner.

Mon premier est avant do.
Mon deuxième est après bis.
Mon troisième peut relier deux cordes entre elles.
Mon tout est un réservoir d'eau !

Attention aux piétons !

Charlot et le Kid ont plutôt intérêt à faire attention avant de traverser la rue, sinon ils pourraient se faire renverser ! Complète ces mots croisés en lisant les définitions.

Horizontalement

1. Il faut appuyer dessus pour faire avancer son vélo.
2. D'égout, de métro ou d'aération, il faut toujours l'ouvrir grande chez le dentiste.
3. Si elle était carrée, les voitures ne rouleraient pas !
4. Il est utilisé par les pompiers ou pour ramasser les poubelles.
5. Quand il est rouge, les voitures doivent s'arrêter.
6. Elle fait pin-pon, pin-pon ! C'est aussi un être étrange, mi-femme, mi-poisson.

Verticalement

7. Il faut payer le chauffeur quand on monte dans cette voiture, souvent de couleur jaune.
8. Quand sa sirène est allumée, c'est que ce véhicule va chercher des personnes malades ou se rend à l'hôpital.
9. Au milieu de toutes les voitures, il doit faire attention à ne pas se faire renverser.
10. On la claque souvent avant de fermer la voiture à clé.

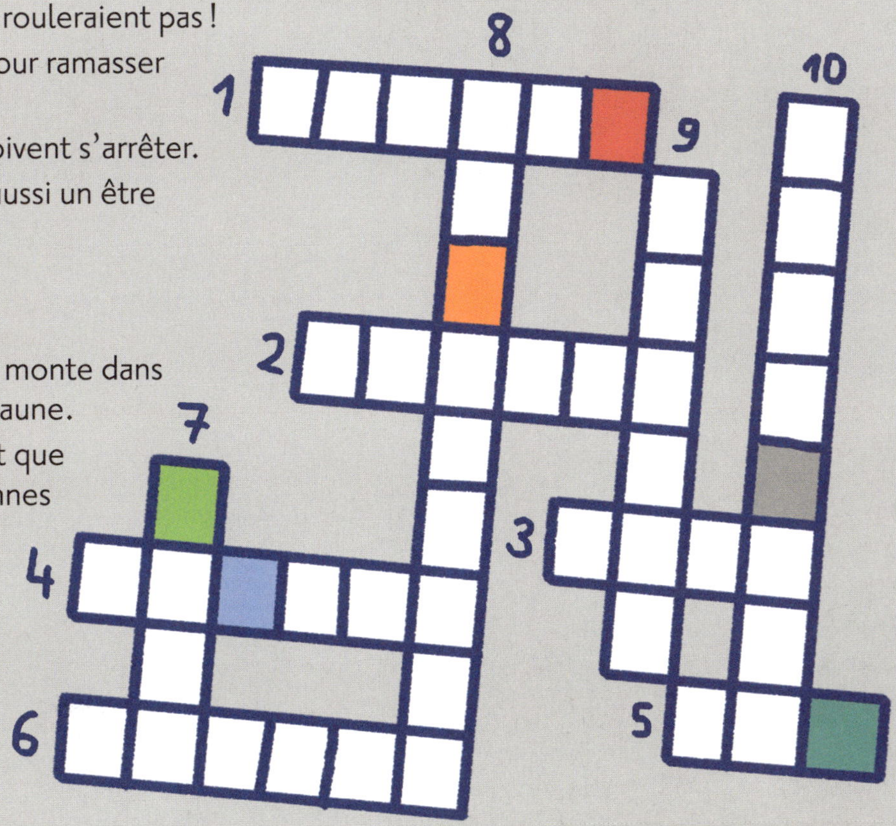

Pour deviner le nom du revêtement des routes, reporte dans chaque case les lettres correspondantes.

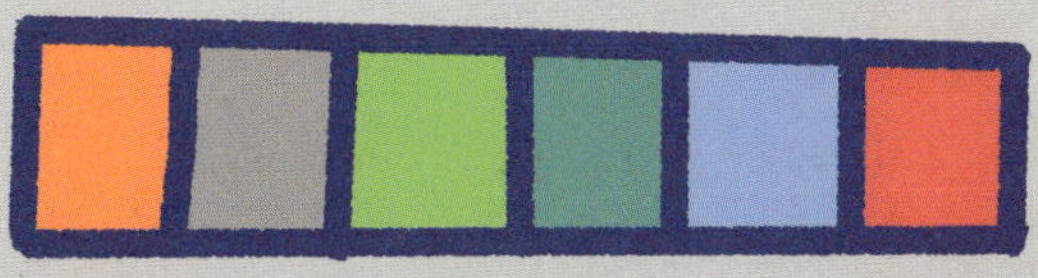

Recherché par la police

Alors qu'ils se baladent, Charlot et le Kid tombent sur l'affiche d'un voleur très recherché. Amuse-toi à te dessiner ou à dessiner un de tes copains à la place du voleur !

N'oublie pas d'écrire ton nom ou celui de ton copain !

Le coffre-fort de la banque

Le voleur a dérobé un tableau dans le coffre-fort de la banque. Découvre le code du coffre : remplis les cases au fur et à mesure à partir des indications données (1 chiffre par case).

A. Combien y a-t-il de boîtes de dossiers rangées sur les étagères ?
B. Combien vois-tu d'horloges ?
C. Combien y a-t-il de lettres dans le mot TABLEAU ?
D. Compte le nombre de fois où tu vois le signe $.

A	B	C	D

Allô, la police ?

Charlot a aperçu un homme portant un tableau sous le bras. Il décide de passer un coup de fil à la police. Suis le fil de la conversation pour savoir ce qu'il dit et reporte ses propos en bas de la page.

....

....

....

Quel toupet !

La policière qui a eu Charlot au téléphone n'en revient pas : le voleur se cache à l'endroit même où il a dérobé le tableau ! Il est vraiment culotté ! Colorie la policière avec les couleurs de ton choix.

Les ordres sont les ordres

Déchiffre ce que dit la policière à Charlot.

Petit indice : un miroir peut t'être très utile !

Où se cache-t-il ?

Le voleur est donc à l'intérieur de l'immeuble de la banque. Mais à quel étage ? La police interroge les voisins. Lis bien les indices et entoure l'endroit où se cache le voleur.

Les mains en l'air !

La police a enfin repéré le voleur.
Mais voilà que ce dernier a tenté
de prendre la fuite ! Il est vite rattrapé.
Observe bien ces deux images
et entoure les 7 différences sur celle du bas.

Quelle tête en l'air, ce Charlot !

Décidément, on ne s'ennuie jamais dans la ville de Charlot ! Fais un petit tour avec lui et aide-le à retrouver tous les objets ou les personnes ci-dessous en écrivant le numéro de la page où ils apparaissent. Pars à leur recherche en feuilletant les pages 40 à 55 !

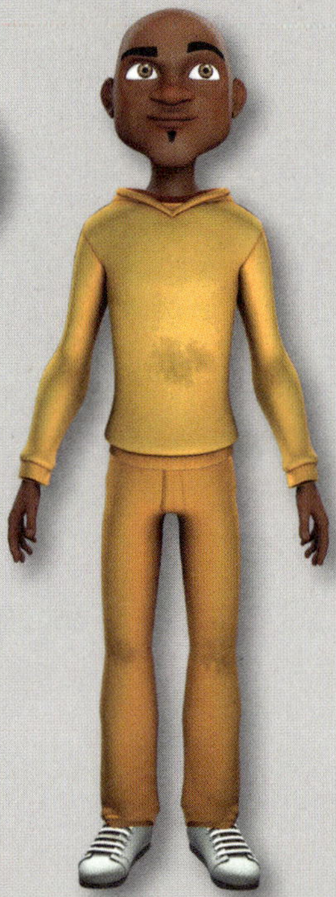

Attention, la même image peut se retrouver sur plusieurs pages !

En route pour la fête foraine !

Une promenade pleine de surprises

Charlot et le Kid vont faire un tour à la fête foraine en bord de mer. Un bon bol d'air, des tas de stands pour grignoter et des manèges de toutes sortes : voilà un bel après-midi en perspective !

Ouvre l'œil !

Observe bien l'image, réponds aux questions ou dessine une étoile (★) à chaque fois que tu trouves quelque chose ou quelqu'un.

- Trouve Charlot. .... ☐
- Trouve le Kid. .... ☐
- Combien de bouées de sauvetage vois-tu ? .... ☐
- Trouve le stand de hot dogs. .... ☐
- Trouve le petit chat. .... ☐
- Trouve le mot « Big ». .... ☐
- Combien de personnes se promènent à la fête foraine ? .... ☐
- Avec ton doigt, suis le trajet du grand huit le plus vite possible ! .... ☐

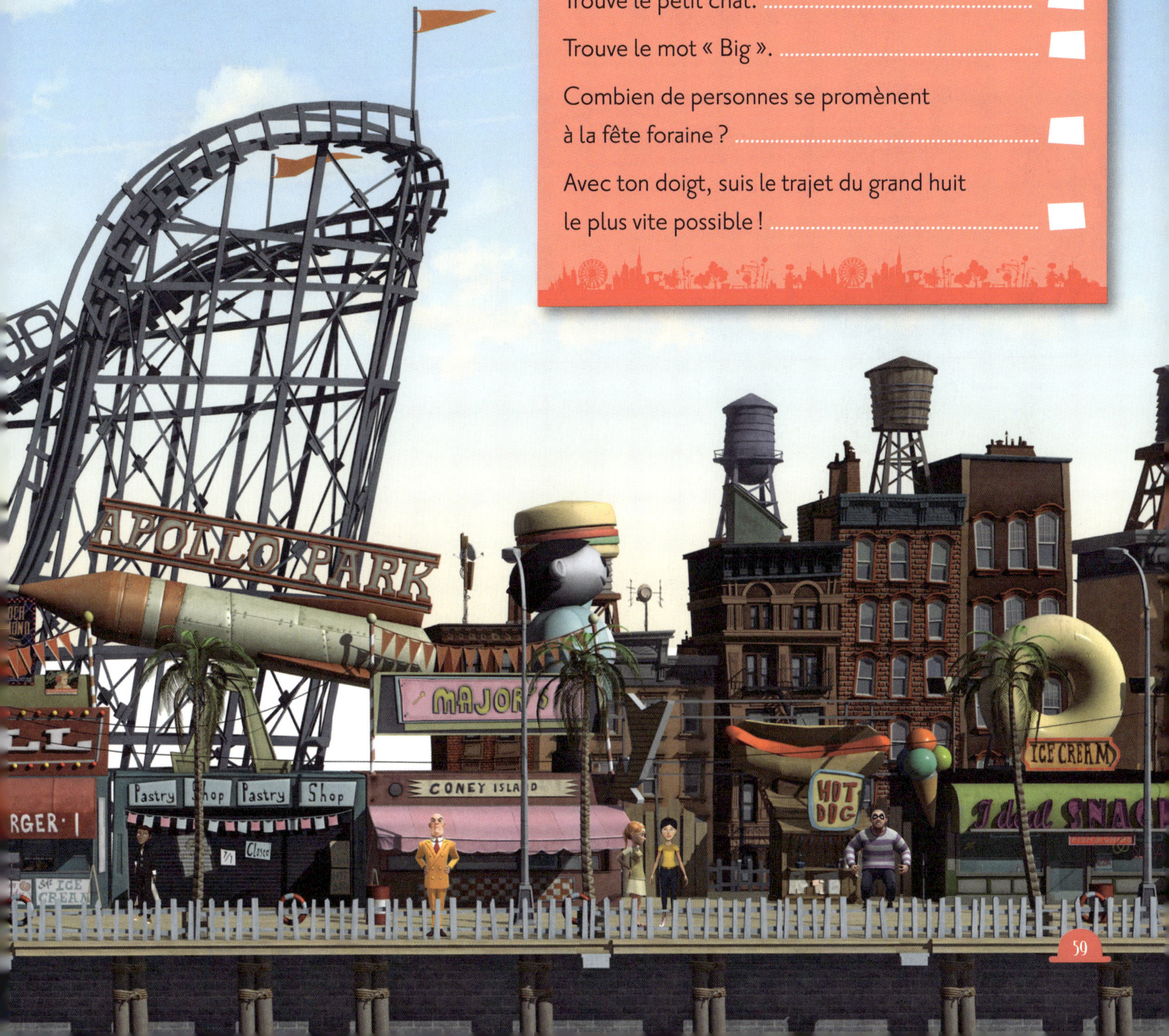

Frissons garantis

Le Kid rêve d'aller sur un manège en particulier. Décode le message pour découvrir lequel !

Petit indice : sur ce manège qui porte le nom d'un chiffre, on a parfois la tête à l'envers !

ON VA FAIRE UN TOUR
DE GRAND HUIT !

....

Les poches vides

Après avoir été secoués dans tous les sens, le Kid et Charlot s'aperçoivent que tout ce qu'ils avaient dans leurs poches est tombé ! Aide-les à ramasser leurs billets : entoure-les dans l'image.

Ça gargouille…

Les estomacs de Charlot et du Kid gargouillent. Après toutes ces émotions, ils aimeraient bien manger. Le plat qu'ils ont choisi est le seul qui n'apparaît qu'une fois. Lequel est-ce ?

Le Kid a disparu !

Charlot a perdu de vue le Kid ! Il ne doit pas être bien loin…
Charlot croise des touristes et leur décrit son ami.
Remets en place les 6 pièces manquantes de ce puzzle.

A B C D E F

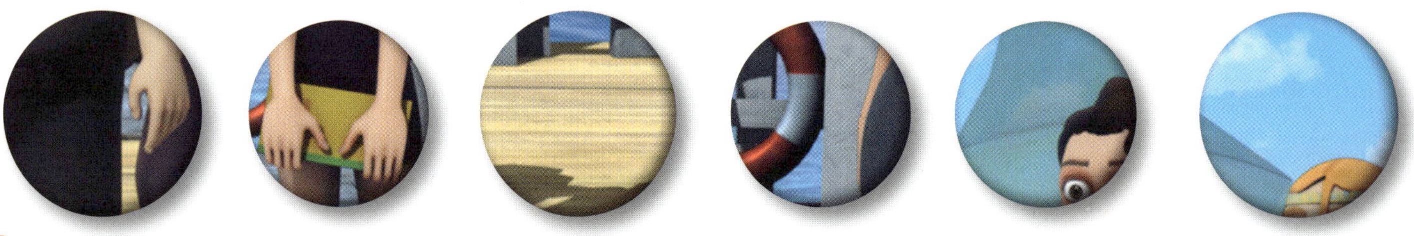

Les photos

Charlot se souvient qu'il a des photos du Kid dans son portefeuille. Il les montre à tous les passants, en espérant que quelqu'un a vu son ami. Redonne des couleurs à ces clichés !

L'enquête

Charlot interroge tous les passants qu'il croise.
À l'aide de leurs témoignages, aide-le à reconstituer le parcours du Kid pour le retrouver.
Prends soin d'éviter le chien et la dame en colère !

ICE CREAM
Ideal SNACK

Au stand de tir

Les deux amis se sont enfin retrouvés.
Ils s'offrent une partie de tir à la carabine.
Observe bien les deux images : 7 erreurs
se sont glissées dans celle du bas. Entoure-les !

La récompense

Le Kid a marqué un nombre de points incroyable !
Il vise extrêmement bien. Il a le droit de choisir un cadeau-surprise.
À ton avis, qu'est-ce qu'il y a à l'intérieur du paquet ? Dessine-le.

Le concours du plus grand mangeur de hot dogs

Alors qu'ils se promènent à la fête foraine, Charlot et le Kid s'arrêtent devant un stand. Un concours du plus grand mangeur de hot dogs est organisé. Pour savoir qui a gagné, lis les indices.

Le gagnant a les yeux bleus.

Les chaussures du gagnant ont des lacets.

Le gagnant est un homme.

Le gagnant ne porte pas de moustache.

Le gagnant n'a pas de cravate.

Le nom du gagnant du concours
du plus grand mangeur de hot dogs est :

....

Bravo !
Dessine plein d'étoiles autour du gagnant !

Direction la plage !

Après avoir bien profité de toutes les animations, Charlot et le Kid veulent aller à la plage, loin de la foule et du bruit. Quel chemin doivent-ils emprunter pour trouver un petit coin paisible au soleil ?

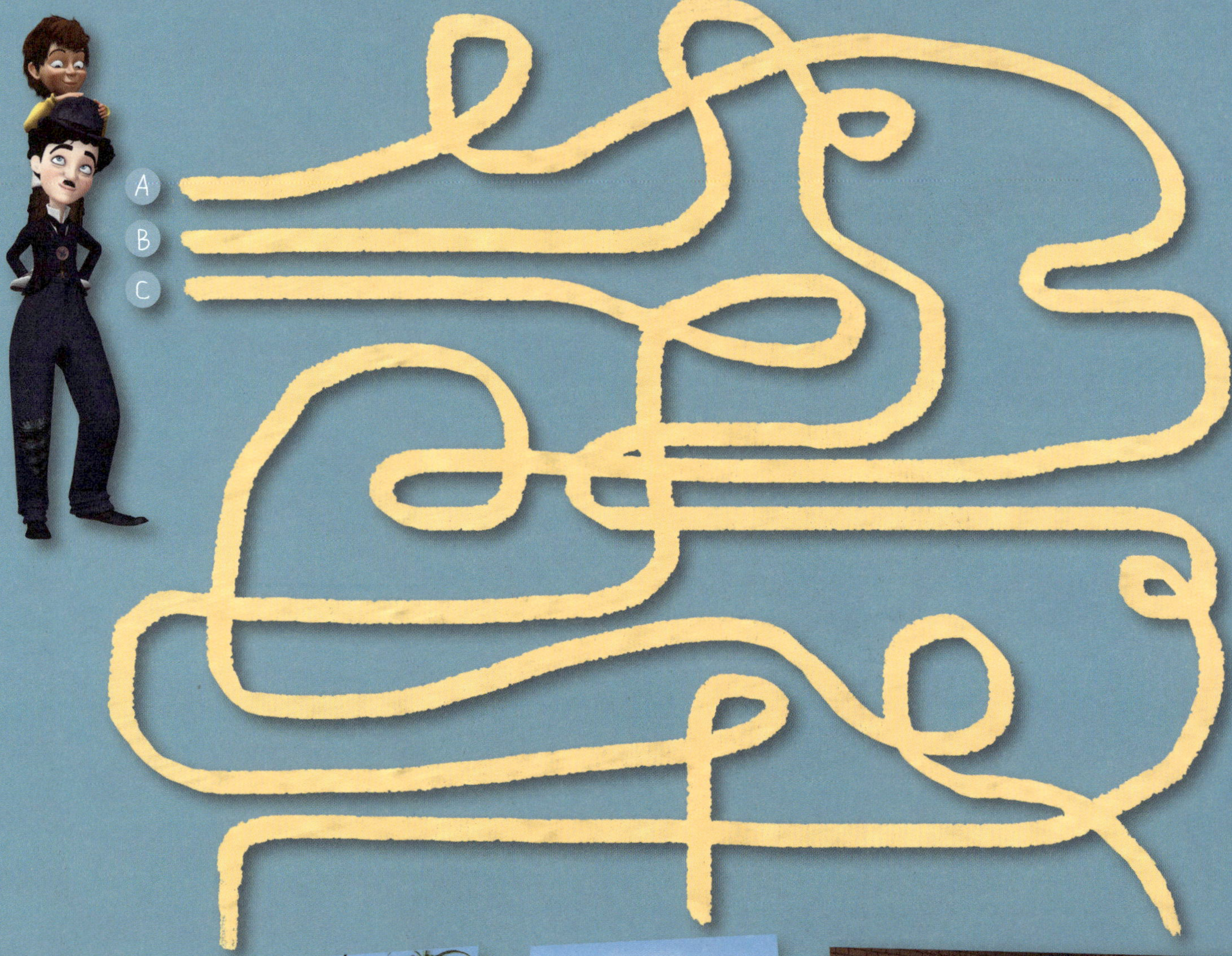

Le campeur

Une fois sur la plage, Charlot et le Kid tombent nez à nez avec un jeune campeur. Observe l'image pendant deux minutes puis tourne la page.

Le campeur (suite)

Charlot et le Kid font la connaissance du campeur, qui les invite à boire une tasse de thé. Observe pendant deux minutes la page précédente et réponds aux questions !

1. Le campeur a-t-il les yeux bleus ? ☐ Oui ☐ Non
2. Combien y a-t-il de ballons dans la tente ?
   ☐ 0 ☐ 1 ☐ 2 ☐ 3
3. Le chien porte-t-il un collier ? ☐ Oui ☐ Non
4. Y a-t-il une lampe de poche dans la tente ? ☐ Oui ☐ Non
5. Le campeur porte-t-il une ceinture ? ☐ Oui ☐ Non
6. Y a-t-il un tuba posé sur le sable ? ☐ Oui ☐ Non
7. Le T-shirt du campeur est-il bleu ? ☐ Oui ☐ Non
8. Y a-t-il des livres dans la tente ? ☐ Oui ☐ Non
9. Le chien tire-t-il la langue ? ☐ Oui ☐ Non
10. Le campeur a-t-il les bras croisés ? ☐ Oui ☐ Non
11. Y a-t-il une balle de tennis dans l'image ? ☐ Oui ☐ Non
12. Y a-t-il un ballon à l'extérieur de la tente ? ☐ Oui ☐ Non

Si, comme le Kid, tu penses avoir bon à toutes les questions, dessine une grande étoile !

Si, comme Charlot, tu n'es pas tout à fait sûr de toi, dessine une toute petite étoile !

Dik et Latchor

Le campeur propose un jeu à ses nouveaux amis : il faut mélanger les lettres des noms et des choses pour s'amuser. Le Kid devient Dik et Charlot, Latchor ! À toi de retrouver les mots d'origine !

Comme c'est beau !

Le soleil est en train de se coucher. Le Kid et Charlot savourent ce moment magique. Prends tes crayons de couleur et dessine le plus beau coucher de soleil du monde !

Quelle tête en l'air, ce Charlot !

Cette journée à la fête foraine a été merveilleuse !
Aide Charlot à se souvenir de sa journée en retrouvant tous les objets ou les personnes ci-dessous. Écris le numéro de la page où ils apparaissent !
Pars à leur recherche en feuilletant les pages 58 à 73 !

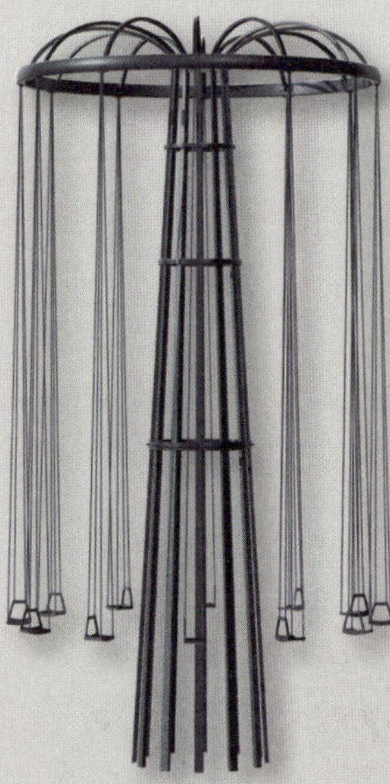

Attention, la même image peut se retrouver sur deux pages différentes !

Solutions

P. 4-5 Quel monde !
Charlot est en plein milieu de la rue ! Les citernes et les cheminées sont sur le toit des immeubles. Le canard est dans une poubelle. Le Caddie est sur la rue en page 5. Des cartons se trouvent à droite de l'image. Il y a 16 véhicules dans l'image. Le chat se trouve page 4, derrière la policière. Il y a 7 femmes.

P. 6 Perdu dans la ville
Le bon chemin est le C.

P. 7 Vroum, vroum !
La voiture de Charlot ne roule pas avec de l'essence, mais de la limonade !

Le moteur vrombit,
Il gronde, il rugit...
Mais qu'y a-t-il sous ce capot ?
On croirait entendre le roi des animaux !
Ne l'avez-vous pas reconnue ?
Avec ses bidons sur le toit et ses roues cabossées,
Difficile de ne pas la remarquer !
Elle parcourt joyeusement les rues
et ne passe jamais inaperçue !

Lit – Mot – Na – Deux = Limonade

P. 8 De bric et de broc

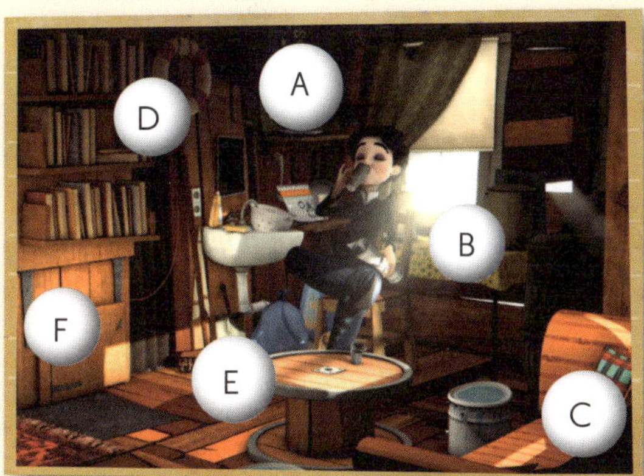

P. 9 Un peu de détente

Le meilleur ami de Charlot, c'est le KID.

P. 10 Au magasin de jouets

P. 11 Surprise !
Le cadeau choisi par Charlot :

P. 12 Un super goûter d'anniversaire

1	3	4	2
2	4	3	1
3	2	1	4
4	1	2	3

3 œufs
150 g de chocolat
100 g de sucre
40 g de beurre
2 cuillères à soupe de farine

L'e-mail de Charlot :
Cher Kid,
Je t'invite à la maison pour fêter ton anniversaire ! J'ai préparé un succulent gâteau au chocolat. À tout à l'heure !
Charlot

P. 15 L'amitié, c'est sacré !
La bonne ombre est la C.

P. 16 Une mauvaise nouvelle
La maison de Charlot va être DÉMOLIE.

P. 17 Une idée de génie
L'engin qui va être utilisé pour déplacer la maison de Charlot est une grue.

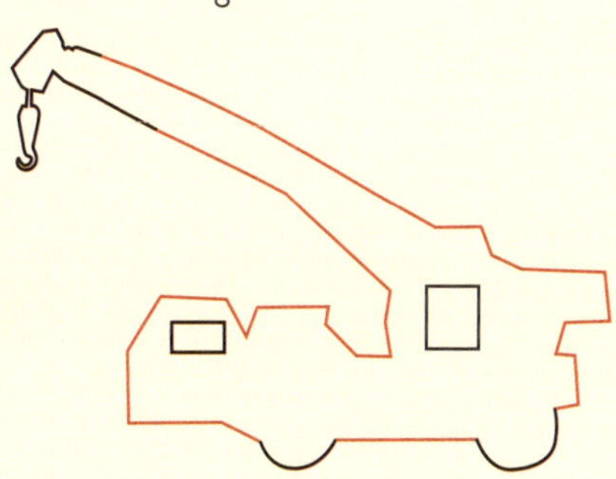

P. 18 C'est haut !
Le morceau B ne fait pas partie de l'image.

P. 20 : Quelle tête en l'air, ce Charlot !

p. 11

p. 19

p. 4

p. 4
p. 7

p. 4

P. 22-23 Un bon bol d'air
Charlot est assis sur un banc. Il y a 4 oiseaux. Le Kid est devant le grand arbre. Il y a 3 femmes. Le monsieur avec un tableau sous le bras est peut-être un voleur recherché qui essaie d'échapper à la police ! Le petit chien est sur la page de gauche, près de la statue, et le gros chien est sur la page de droite sur l'herbe. Le policier court peut-être après le voleur ! Il y a deux personnages qui font du skate : le Kid sur la page de gauche et un autre garçon sur la page de droite.

P. 24 Une petite partie
Dis, Charlot, veux-tu faire une partie de badminton avec moi ?

P. 25 Ça tourne !
Il y a 19 raquettes. Le projectile avec lequel on joue au badminton s'appelle un volant.

P. 26-27 Gare au rhinocéros !

Charlot a croisé un chien et 4 passants. Il n'a pas vu le rhinocéros sur son chemin. Il n'a pas pu prévenir l'homme au pantalon noir et au T-shirt gris. Peut-être le rhinocéros s'est-il retrouvé au beau milieu du parc parce qu'il s'est échappé d'un zoo ou d'un cirque !

P. 28 Une envie de liberté
Le rhinocéros de la fête foraine s'est évadé de sa cage !

P. 29 Capturé
Pas facile pour un rhinocéros
D'être tous les jours enfermé :
J'aime bien amuser les gosses
Mais je préfère aller me balader !

P. 30 Une pause sur un banc

B	C	N	H	B	A	O	S
A	N	I	M	A	U	X	K
L	J	P	R	N	L	O	A
L	E	A	T	C	H	A	T
O	U	L	C	I	E	L	E
N	X	U	A	E	S	I	O

Le meilleur ami du Kid : CHARLOT !

P. 31 Les promeneurs

P. 32 À chacun ses vêtements

J D — F I — A C — B E

Les intrus sont G et H !

P. 33 La chasse aux papillons
Charlot est celui qui a attrapé le moins de papillons : il en a 9, tandis que Kid en a 13. C'est donc Charlot qui va payer les hot dogs !

P. 36 Le punching-ball

1	2	3	4	5	6	7	8
E	C	G	D	H	B	F	A

P. 37 Une statue monumentale

La chansonnette
Un éléphant
Qui se baladait
Tout doucement
Dans la forêt
Il avait sur son dos
Un petit perroquet
Qui s'appelait Jacquot
Et qui buvait du lait

P. 38 Quelle tête en l'air, ce Charlot !

P. 40-41 Au hasard des rues
Le Kid se trouve sur le terrain de sport. Charlot est près de sa maison, au fond. Le Kid va marquer un panier. La banque a une enseigne avec un dollar ($). Il y a 12 garçons dans la scène. La cabine téléphonique se trouve page 40, en bas de l'immeuble qui a une citerne sur le toit.

P. 44 L'e-mail

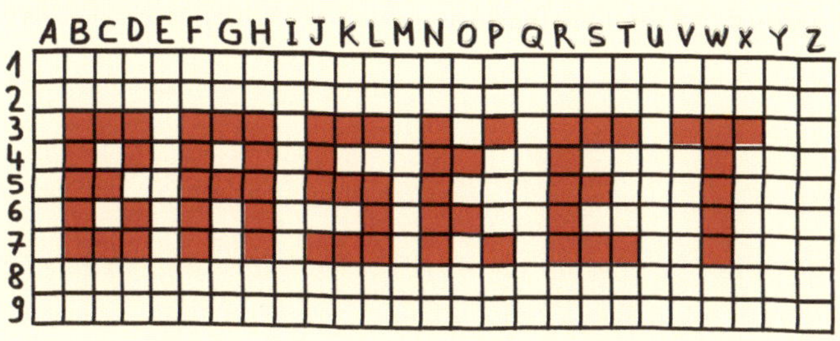

P. 45 Encore perdu !

P. 46 Un match mémorable

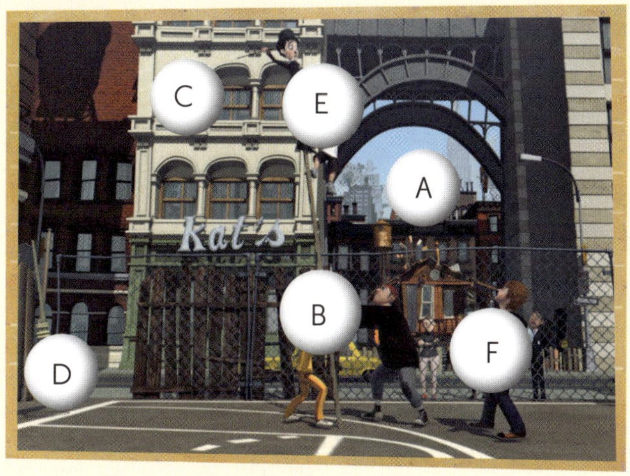

P. 47 Un grand basketteur

P. 48 Les immeubles
A-5 ; B-3 ; C-1 ; D-1 ; E-1.

Une soucoupe volante ?
Une citerne (si-ter-nœud)

P. 49 Attention aux piétons !

P. 51 Le coffre-fort de la banque

16	3	7	4
A	B	C	D

P. 52 Allô, la police ?
J'ai aperçu le voleur. Il se cache dans l'immeuble de la banque !

P. 53 Quel toupet !
Restez où vous êtes et n'essayez pas d'attraper le voleur tout seul ! Il est peut-être dangereux !

P. 54 Où se cache-t-il ?
Le voleur se cache au 4e étage.

P. 55 Les mains en l'air !

P. 56 Quelle tête en l'air, ce Charlot !

P. 58-59 Une promenade pleine de surprises
Charlot se trouve en page de gauche, devant le stand de tacos. Le Kid est aussi sur la page de gauche, mais un peu plus à droite, devant l'entrée. Il y a 7 bouées. Le stand de hot dogs se trouve en page de droite, à côté du marchand de glaces. Le petit chat se trouve en page de gauche, sur le toit du poste de sauvetage. Le mot « Big » est sur une pancarte du grand huit. « Big » en anglais veut dire « grand ». Il y a 10 personnes qui se baladent.

P. 60 Frissons garantis
On va faire un tour de grand huit !

Les poches vides

P. 61 Ça gargouille...
Le plat que Charlot et le Kid vont manger est celui-ci :

P. 62 Le Kid a disparu !

P. 63 L'enquête

P. 66 Au stand de tir

P. 68-69 Le concours du plus grand mangeur de hot dogs
Le gagnant est Papy !

P. 70 Direction la plage !
Le bon chemin est le C.

P. 72 Le campeur
1. Non – 2. 2 ballons – 3. Oui – 4. Non. – 5. Oui. – 6. Oui. – 7. Non. 8. Oui. – 9. Oui. – 10. Non. – 11. Oui. – 12. Non.

P. 73 Dik et Latchor
TACH = CHAT
LABEL = BALLE
ABUT = TUBA
CAS = SAC
NACNE = CANNE
KESSTAB = BASKETS
ÉBOUE = BOUÉE
PHAUCEA = CHAPEAU

P. 74 Quelle tête en l'air, ce Charlot !

CHAPLIN and co
Une série écrite par Matthieu Kendrick et Vincent De Mul
Création graphique d'Emmanuel Gorinstein et Alexandre de Broca
Réalisée par Cyril Adam en collaboration avec Julien Charles

Conception graphique de l'ouvrage : Fleur Lauga

Le papier de cet ouvrage est composé de fibres naturelles, renouvelables, recyclables,
et fabriquées à partir de bois provenant de forêts gérées durablement.

Loi n° 49-956 du 16 juillet 1949 sur les publications destinées à la jeunesse

ISBN : 978-2-07-065270-9
N° d'édition : 250621
Dépôt légal : avril 2013
Imprimé en Slovénie